ÅF509359

LES MAQUIGNONS,

ou

LE MARCHÉ AUX CHEVAUX,

VAUDEVILLE EN DEUX ACTES,

PAR MM. ROCHEFORT ET FERDINAND LANGLÉ,

Représenté pour la première fois, à Paris, sur le théâtre des Variétés, le 17 décembre 1839.

DISTRIBUTION :

LANDRY , gros maquignon...............................	M. SERRES.
JOSSARD, cabaretier...................................	M. RÉBARD.
SAINT-ROBERT , amateur de chevaux....................	M. VILARS.
BRIDOIS , fashionable , fils d'un boucher............	M. HYACINTHE.
TAUPIN , éleveur.....................................	M. EDOUARD.
GOURAND , courtier en chevaux et charretier..........	M. ODRY.
DANIEL MESKER , jeune Alsacien.......................	M. ADRIEN.
Mme JOSSARD , femme du cabaretier....................	Mlle LECOMTE.
GERVAISE , leur fille................................	Mme BRESSAN.

La scène se passe, au premier acte, sur le boulevart de l'Hôpital; au second, au Marché aux Chevaux.

ACTE I.

Le théâtre représente le boulevart; à droite du public, l'entrée d'un cabaret, ayant pour enseigne à la *Caisse d'Epargne;* une fenêtre ouvrant sur la scène est au rez-de-chaussée; en face du cabaret, la maison de Gourand.

SCÈNE I.

GOURAND, DANIEL, puis GERVAISE.

(Au lever de la toile, on entend disputer dans la maison de Gourand; Daniel en sort tout effaré.)

GOURAND , en colère, dans la maison.

Oui, tu n'es qu'un feignant, un grugeur... à la porte, drôle.

DANIEL , s'adressant à la maison de Gourand.

Au moins, rendez-moi ma casquette !.. (On ne répond pas, Daniel revient.) Va , vilain brutal !.. puisses-tu te casser le cou, te déboîter la jambe!.. te donner un coup de fouet dans l'œil !

GERVAISE , sortant du cabaret.

Ah! mon Dieu, qu'avez-vous donc, M. Daniel!.. vous vous disputiez avec votre bourgeois !..

DANIEL.

Oui, c'est vrai, mademoiselle Gervaise, me v'là sans place ! cette âme dénaturée de charretier m'a jeté sur le pavé, sans motif, sans raison; et je ne sais plus à présent comment je ferai pour ne pas mourir de chagrin.

GERVAISE.

Faut vous consoler, monsieur Daniel, aujourd'hui on est renvoyé, demain on trouve à se placer ailleurs !..

DANIEL.

Oh! non!.. c'est ici, ici seulement que je veux rester toujours !..

GERVAISE.

Et pourquoi donc ça ?..

DANIEL.

Parce qu'il y a là-dedans un objet que j'aime et que je pleurerai tous les jours , si je ne le revois plus du tout !

GERVAISE.

Un objet que vous aimez ?.. une femme, peut-être ?..

DANIEL.

Non , Gervaise... c'est pas de cette acabit-là !..

GERVAISE.

Alors je ne devine guères...

DANIEL.

Tenez, j'ai le cœur si plein, que je vas vous le dire. Vous êtes une bonne petite fille, vous... que j'aime bien.

GERVAISE.

Vous m'aimez?

DANIEL.

Oh! oui... mais j'ai trop de chagrin pour vous en faire l'aveu dans ce moment-ci. Et votre père donc, M. Jossard !.. la crème des humains !

GERVAISE.

Tiens! ma mère?.. aussi?

DANIEL.

Je ne dis pas que madame Pacifique Jossard... bien du contraire!.. mais, dans sa bonté, y a quelquefois un filet de vinaigre!.. Voilà pourquoi j'ai jamais osé vous raconter mon événement.

GERVAISE.

Allez donc... n'ayez pas peur de moi.

DANIEL.

De quel pays que vous me croyez bien, vous, mamzelle... de la Normandie?..

GERVAISE.

Oui...

DANIEL.

De la Champagne?..

GERVAISE.

Oui... plutôt...

DANIEL.

Je suis de l'Alsace, né natif de Schelestadt : et fils d'un maquignon.

GERVAISE.

Vous le méritez à tous égards.

DANIEL.

Et, tel que vous me voyez, j'arrive d'Alger ; on ne le dirait pas, hein?

GERVAISE.

Qu'est-ce que vous aviez donc été faire chez les Bédouins?

DANIEL.

Mon état!.. le commerce des chevaux avec mon oncle qui était dans la partie.

GERVAISE.

Vous n'avez pas la mine d'un quelqu'un qui a fait fortune.

DANIEL.

Ça, c'est une histoire : on nous a tout pris, mam'selle, il ne m'est resté qu'un seul cheval, mais quel trésor! un pur sang, appelé Mufti, et qui provenait de M. le bey de Constantine.

GERVAISE.

Oh! je comprends!.. un amour de bête!..

DANIEL.

Je l'avais eu tout jeune ; je l'avais élevé, pansé, bouchonné ; tous les jours il venait manger dans ma main son avoine, qui est du riz dans ce pays-là.

GERVAISE.

Et qu'est-ce que vous en avez fait?

DANIEL.

Dès qu'il a été dressé, je l'ai envoyé à mon père, en Alsace, et je me suis bientôt embarqué à mon tour pour venir les embrasser tous les deux ; mais, à mon arrivée, pus de père!.. plus de Mufti... Mon pauvre père, il était mort!.. Mufti!.. en route pour Paris avec mon frère...

GERVAISE.

Ah! vous avez un frère?..

DANIEL.

Oui, qui s'appelle Thomas Mesker... On me dit, là-bas, qu'il était allé dans la capitale pour vendre les chevaux du défunt et Mufti avec... Y a de çà trois mois, mademoiselle, et y a tout juste ce temps-là que je suis venu dans la grande ville pour les retrouver ; mais bah ! pas moyen. Je ne connaissais personne, et, quand je demandais mon frère aux passants, on se fichait de moi... Pardon du mot...

GERVAISE.

Je crois ben !.. pauvre garçon !

DANIEL.

C'est tout de même, je me lassais pas : Un matin, à la descente du pont Notre-Dame, vous ne le croiriez jamais, je me trouve nez à nez...

GERVAISE.

Avec quoi?

DANIEL.

Avec Mufti! le beau Mufti, attelé à une charrette, une odieuse charrette!.. crotté, abîmé, roué de coups par une horreur de charretier!.. C'était ce gueusard de Courand!..

GERVAISE.

Not' voisin?.. Oh ça! c'est vrai qu'il est ben dur pour le pauvre monde !

DANIEL.

Aussitôt qu'il m'aperçoit, Mufti se met à hennir, je lui saute au cou, nous pleurons ensemble et Courand tape sur tous les deux ; alors je me cabre et je lui dis : « Ousque t'as eu ce cheval-là, barbare ? — Je l'ai eu honnêtement, et ça ne regarde personne, qu'il me répond avec un drôle d'air... puis, il ajoute : Est-ce que tu le connais toi, paysan? » Là-dessus je l'y conte mon histoire et je l'y dis qu'il me tuera, qu'il m'écrasera plutôt que de me faire quitter mon Mufti ; il me repousse !.. le monde s'attroupe, alors il paraît effrayé, et il consent à m'emmener avec lui ; vous savez le reste...

GERVAISE.

Mais pourquoi qu'il vous a renvoyé?.. puisqu'il ne vous donnait pas de gages.

DANIEL.

Courand m'a dit que je nourrissais trop bien le cheval, et que je le rendais méchant et rétif... Ah! mon Dieu, mon Dieu, qu'est-ce que Mufti va devenir sans moi, qu'est-ce que je deviendrai sans lui ; il est mon seul ami et le seul moyen qui me reste de découvrir peut-être un jour mon frère !..

GERVAISE.

Ah ! M. Daniel, je comprends bien votre peine ; vous m'avez attendrie !.. mais soyez tranquille, quelque chose qui arrive, vous trouverez de la protection au cabaret de la caisse d'épargne !..   (Elle montre l'enseigne.)

DANIEL.

Merci, Mamzelle !.. merci !..

GERVAISE.

On ne vous abandonnera jamais.

Air : On dit que je suis sans malice.

Croyez qu'à vous on s'intéresse,
Qu'on soulag'ra votre détresse,
Qu'ici vous avez des amis !..

DANIEL.

On m' l'a ben dit, dans mon pays,
Qu'à Paris toutes les jeun's filles,
Sont humain's, quand ell' sont gentilles.
Par vot' figure et vot' bonté,
Vous prouvez qu' c'est la vérité.

SCÈNE II.

LES MÊMES, JOSSARD, Mme JOSSARD.

(Ils sortent du cabaret en se disputant.)

Mme JOSSARD.

Oui, je me fâcherai, je crierai parce que tu
es dans ton tort!.. on fait tout en cachette de
moi, dans la maison!..

JOSSARD.

Dame!.. Pacifique!.. quand on te demande
ton opinion sur les choses, tu dis toujours
que c'est pas ça!

Mme JOSSARD.

Parce que j'ai de l'ordre... de l'économie dans
les idées... je veux pas de gaspillage... à quoi
qu' ça sert d'avoir acheté un charriot... est-ce que
tu veux rouler carrosse à Longchamps?..

GERVAISE.

C'est vrai aussi, maman!.. vous vous em-
portez si vite!..

Mme JOSSARD.

Tais-toi, fille mal soumise, tu seras bientôt ici
plus maîtresse que moi!.. qu'est-ce que tu fais
là sur le boulevard? à causer avec les voisins,
au lieu d'aller plumer tes canards?..

DANIEL.

Excusez, Mme Jossard, c'est moi qui avais
attardé Mlle Gervaise un instant, pour lui dire...

Mme JOSSARD,

Tu n'as rien à dire à ma fille; et ce n'est pas
au moment où elle va se marier, qu'elle doit
bavarder en plein vent avec des jeun' hommes!

DANIEL.

Comment, se marier.

GERVAISE.

J' vas me marier, j' vas me marier!.. ç'
n'est pas encore fait!

Mme JOSSARD.

Je voudrais bien te voir refuser un gros marchand de chevaux, qui nous fait l'honneur d'être
amoureux de toi!..

JOSSARD.

Il faut que l'affaire se termine dans la se-
maine, y a pas à dire mon bel ami, Gervaise!..

GERVAISE.

On y réfléchira!

Mme JOSSARD.

Tout ça se décidera à mon retour, car je
prends l'omnibus et je vas de ce pas rue Saint-
Honoré retirer les 4,000 francs que nous avons
placés chez notre vieux receveur de rentes!..

GERVAISE.

Qu'est-ce que vous voulez donc faire de cet
argent, maman?

Mme JOSSARD.

C'est ta dot; nos petites économies, toute
notre fortune.

JOSSARD.

Adieu, femme.

Mme JOSSARD.

Air : Mila ne craint pas l'esclavage.

J' vas m'en aller tout d' suite en ville.
Afin d' rapporter nos écus,

JOSSARD.

N' cours pas trop vit'...

Mme JOSSARD.

Sois ben tranquille
Puisque je vais en omnibus.

(Mme Jossard s'en va, Gervaise entre dans le cabaret.)

SCÈNE III.

JOSSARD, DANIEL.

*(Daniel a été s'asseoir sur un banc de pierre près de la maison de
Gourand, pendant la dernière moitié de cette scène.)*

JOSSARD, le regardant.

Daniel!.. avance donc ici, mon garçon!

DANIEL, s'approchant.

De quoi, M. Jossard?..

JOSSARD.

T'as l'air tout chaviré!.. ta figure ressemble
à un malheur!..

DANIEL.

Ma figure a ben raison...

JOSSARD.

Ecoute, Daniel, ma fille m'a déjà parlé de toi
plusieurs fois, j'ai entendu que t'étais renvoyé,
et si tu ne trouves pas mieux, je t'offre de te
prendre comme garçon dans mon cabaret!..

DANIEL, joyeux.

Ah! M. Jossard! vous seriez assez humain!..
oui j'accepte avec joie, je ratisserai les navets,
j'essuirai les assiettes... et la mauvaise humeur
de votre épouse!.. bien plus, je lui enseignerai
vingt-trois manières d'accomoder les zharicots
et toujours sans beurre!

JOSSARD.

Sans beurre!.. tape dans ma main. *(Daniel la
lui donne.)* Marché fait; dès ce moment-ci tu
es à moi!..

DANIEL.

De corps et d'âme M. Jossard. *(A part.)* De
là je pourrai voir tous les jours Mufti, je serai
près de Gervaise... et je... ah! M. Jossard!..
je vous dois une reconnaissance éternelle....
(Fausse sortie.) et toujours sans beurre.

(Il entre dans le cabaret.)

SCÈNE IV.

JOSSARD, TAUPIN, AUTRES MARCHANDS DE CHEVAUX, LANDRY.

LANDRY, entrant en fumant une pipe; il a un bou-
quet à la boutonnière.

Air : J'ai long-temps parcouru le monde.

J'ai long-temps couru la grisette
A pied aussi bien qu'à cheval,
Vieille, jeune, tendre ou coquette
Je n' les maneuvrais pas trop mal
Tenant en brid' les couturières,
Et lâchant la main aux lingères,
Partout, sans trouver de cahot,
J'ai mené l'amour au galop!

(Il fait un appel de bouche.)

K! k! k!

TOUS.

Partout, sans trouver de cahot.
Nous menons l'amour au galop.

LANDRY.

Mille saluts, papa Jossard... Voici toute la

cavalerie démontée qui vient s'abreuver chez vous!... les pieds de mouton, la matelotte d'anguille, le canard aux navets vont voltiger sur la table!..

TAUPIN, avec l'accent Normand.

Et si vous aviez en sus un gros lapin, nous ne le trouverions pas méprisable en gibelotte.

LANDRY.

Une gibelotte!.. vous êtes pour les chatteries!..

JOSSARD.

Ah! méchant!.. je vous ferai voir les têtes.

LANDRY.

Vous remarquerez comme je pousse à la consommation dans l'intérêt du cabaret. (Haut.) La caisse d'épargne... en v'là une drôle d'enseigne...

JOSSARD.

C'est une idée de mon épouse, que je ne crois pas trop bête, l'idée ; ma maison est devenue le rendez-vous de tous les vertueux ivrognes du quartier ; et quand ils rentrent un peu bus, le soir chez eux... ils disent à leurs femmes qu'ils viennent de placer leur argent à la caisse d'épargne : ça maintient la paix dans le ménage.

LANDRY.

Ah! vieux farceur!.. c'est un calembourg machiavélisque qui est d'un bon sel. Ah ça! mon brave homme, dites-moi au juxte ce qui en est de Gervaise ; vous savez que je ne demande qu'à m'unir ; la vie de garçon a trop de cahots!.. je m'ennuie d'être seul.

JOSSARD.

Ma fille est un mouton, une tourterelle... elle vous rendra heureux.

LANDRY.

Puisque vous me répondez de Gervaise, je suis décidé, je fais l'affaire ; mais vous le garantissez!.. C'est que c'est pas ici comme au marché, je pourrais pas vous la rendre au bout de neuf jours, quand même il y aurait les sept cas rédhibitoires.

JOSSARD.

Soyez tranquille... je vais voir là-dedans si c'est prêt...   (Il rentre.)

SCÈNE V.

LANDRY, TAUPIN, LES MAQUIGNONS, puis GOURAND.

TAUPIN.

Ah çà! dis donc mon vieux, vois donc si ce mauvais gars de Gourand est cheux lui?..

LANDRY, s'approchant de la fenêtre de Gourand.

Eh! Gourand!..

GOURAND, en dedans.

Eh! de quoi qui g'nia ?

LANDRY.

Descends-tu de là-haut, ou je vais monter !

GOURAND, sortant de chez lui.

Crions pas!.. voilà l'homme!.. (A Landry et à Taupin.) Comment que ça va, Maquignon, et vous charmant Normand?.. Est-ce que c'est sur le revidage d'un marché de chevaux qu'on va se plonger dans la bonne chère?..

TAUPIN.

Non! c'est mé que j'avons été gouré, par Landry, dans une pariure !

GOURAND.

Ah dame ! Landry est ben finot ! il est malin comme un aspic !

LANDRY.

Pas tant que toi, vieux sapajou!.. tu fais tous les trafics du diable... charretier, trotteur, courtier des maquignons ; tu as tant cordes à ton harpe, que tu peux en jouer sur toutes les airs !

GOURAND.

Le fait est que je m'embête pas dans la vie de ce monde!.. c'est les autres que j'embête !

LANDRY.

Et que nous sommes ben heureux de t'avoir !.. tu nous fais vendre nos chevaux supérieurement...

GOURAND.

On se rend utile tant qu'on le puit !

Air : Et voilà tout ce que je sais.

J'sais fort bien tirer un' carotte,
J' sais enfoncer le bourgeois à mort,
J' sais comme on emberlificote
Le Parisien et le Milord,
Le paysan le plus retord ;
J' sais embellir des carcasses atroces,
J' sais, comme des gens très puissans que j' connais,
Pour de bons chevaux placer des rosses,
Et voilà tout ce que je sais.
Pour des ch'vaux je plac' des rosses,
J' fais d' bien bell's bêt's avec des rosses,
Et voilà tout ce que je sais.

LANDRY.

Il est vrai de dire que t'es l'héros du maquignonage.

GOURAND.

Eh! oui donc!.. c'est pas pour faire de l'esbrouffe, mais je sais les couleurs... Te souviens-tu de ce paysan qui me proposait son âne pour quatre-vingt livres ; il en valait plus de cent ; mais j'avais pas l'air... Je l'y dis : faut l'essayer ; je monte dessus et en catimini, je lui insinue de l'amadou allumé dans l'oreille, ça le chauffe, c'te bête, ça le met en gaîté, il danse la galope et se roule dans la poussière délayée. Bon!.. que je fais, en riant, il a le vertigo et des attaques de nerfs, votre roussin!.. mais vous êtes un filou!.. un campagnard affronteur; votre bête ne vaut pas dix écus!.. Le paysan était abruti de surprise, il jurait que ça ne lui était jamais arrivé; fin finale, il m'a laissé l'âne pour vingt-sept francs, et je l'ai revendu six napoléons !.. Et ce gros médecin qui est venu se plaindre que je lui avais changé son cheval borgne contre un aveugle... avec du retour? Qu'est-ce que j'y ai dit : *faites le voir* ; on le trouvera sans défaut... Mieux que ça, ce tapissier de la rue de Bétizi, qui criait comme un chat, qu'on étrille, parce que j'y avais coulé un alezan déparillé, qui ne trottait que sur trois jambes. Qu'est-ce que j'y ai répondu? Vous n'êtes pas trompé, mon bourgeois! lisez notre écrit, il y a dessus que l'animal *boite et mange bien.*

SCÈNE VI.

LES MÊMES, GERVAISE, DANIEL, revenant du
cabaret.

GERVAISE.

C'est servi !

LANDRY.

A table, à table !

CHOEUR GÉNÉRAL.

Air d'un Chœur de l'amour.

Comme la table est bien servie,
Qu'on y boira de bon vin ;
J' suis sûr que la caval'rie,
Aujourd'hui, va s' mettr' dans l' train.

(Ils entrent tous dans le cabaret et déjeunent.)

LANDRY, s'arrêtant sur la porte au moment de
sortir.

Ah ! Gervaise, j'attends ici M. Saint-Robert,
qui vient chercher un cheval que Taupin lui a
amené de la foire de Guibray, vous lui direz que
nous sommes là.   (Il entre dans le cabaret.)

DANIEL, menaçant Gourand.

Oui, va manger !.. va te repaître, vieux no-
ceur !.. dévore tout, étrangle-toi !.. tandis qu'il
y a là, vis-à-vis, devant son ratelier, un être
qui n'a que l'air du temps à mettre sous sa
dent !..

GERVAISE.

Ce pauvre Mufti, n'est-ce pas ?.. ah ! si on
osait ?..

DANIEL.

Quoi ?..

GERVAISE.

Vous ne devinez pas ?..

DANIEL.

Oh ! si, Mamz'elle !.. je devine toujours votre
bon cœur !.. d'ailleurs j'y tiens plus !.. je vas le
gorger d'avoine jusqu'aux oreilles, je ferai une
bonne action, et je rapporterai ma casquette !

(Il entre chez Gourand.)

SCÈNE VII.

GERVAISE, puis SAINT-ROBERT.

GERVAISE, un moment seule et regardant dans le
fond.

Tiens ! qui est-ce qui nous vient donc la bas?
Eh ! c'est M. de Saint-Robert, ce jeune et beau
cavalier, qui fait gagner tant d'argent aux Maquignons... justement Landry l'attend.

SAINT-ROBERT, entrant, la cravache à la main et
le lorgnon à l'œil.

Air : C'est trop dormir ma belle.

Bonjour, bonjour, ma belle,
Dont l'œil vif étincelle,
Et dit qu'on peut oser ;
Mon cœur de toi raffolle,
Et sur tes pas je vole...
    Oui, je vole
    Un baiser !

(Il embrasse Gervaise.)

GERVAISE.

En personn' de ma sorte,
Ça compromet.

SAINT-ROBERT.

Qu'importe !
Je n'ai pas de fierté,
Près d'une jeune fille,
Fraîche, aimable et gentille,
J'aime l'égalité !

ENSEMBLE.

SAINT-ROBERT.

Bonjour, etc.

GERVAISE.

Je n' suis pas assez belle,
Assez grand' demoiselle:
Je dois vous refuser.
Votre humeur est trop folle,
Je n' veux pas qu'on vole,
Ne fut-ce qu'un baiser.

(Elle se sauve dans le cabaret.)

SCÈNE VIII.

SAINT-ROBERT, BRIDOIS.

BRIDOIS, accourant.

Où est-il ?.. où est-il, cet homme immense ?..
ce héros de la course au clocher ?.. cet écuyer,
tout ce qu'il y a de plus cavalcadour ?

SAINT-ROBERT.

A qui en voulez-vous, jeune enthousiaste ?

BRIDOIS.

A vous, illustre Saint-Robert, vous, l'honneur
de la fashion et l'oracle de la chevalerie en bottes
à revers !..

SAINT-ROBERT.

Monsieur, je ne crois pas vous connaître...

BRIDOIS.

Je vous connais, moi. Combien de fois je vous
ai admiré sur les boulevarts, au bois de Boulogne et dans tous les bois possibles ; quand vous
passiez sur une foule de coursiers, avec vos gants
beurre d'anchois, votre chapeau à basse pres-
sion et votre habit écarlate, qui ferait rougir un
homard cuit...

SAINT-ROBERT.

Ah ! vous m'avez remarqué !.. vous avez du
goût, monsieur.

BRIDOIS.

Mais, monsieur, tout le monde vous admire.
Vous êtes le plus fin connaisseur en chevaux, en
attelages ; vous êtes l'oracle de l'opulence ; votre
avis fait loi. Ah ! que vous êtes heureux !.. Et
moi aussi, je voudrais bien faire... loi !

SAINT-ROBERT.

Le fait est que je suis très répandu. Lancé
dans les grandes sociétés, l'aristocratie m'ouvre
ses portes ; la banque me traite ; les ministres
même me confient tous les secrets.

BRIDOIS.

De l'État ?

SAINT-ROBERT.

Non, de leur écurie ; enfin, il ne s'achète pas
dans le grand monde un équipage, un steper,
sans que je sois consulté.

BRIDOIS.

Un steper ?

SAINT-ROBERT.

Autrement dit, un coureur.

Air de la Cracovienne.

Tous nos dandys
de Paris,
Comtesses,
Duchesses,
Quartier Saint-Germain,
D'Antin,
N'ont vraiment de foi
Qu'en moi.
Je fournis,
A mes amis,
Des bêtes
Parfaites,
Obligeant,
Pour leur argent,
Les beaux désœuvrés
titrés ;
Mais je fais le bien
Pour rien :
J'ai même
Un système ;
C'est de souffrir de pitié
De voir l'amitié
A pié !
Quand je vais au bois,
Parfois,
Cliente,
Fringante,
Par un regard
De hasard,
Me paie, à son tour,
D'amour.
Voulez-vous
Des andalous
Pure
Estramadure ;
Des anglais,
Ou noirs, ou bais ?
J'en ai les portraits,
Tout prêts.
D'un coureur léger
D'Alger,
Veut-on faire
Affaire ?
Des maquignons j'ai le coq
Dans l'empereur de Maroc.
J'ai fait voir au Club-Jockey,
Ma puissance
Immense,
Car tous ses brillans joûteurs
M'ont dû leurs
Meilleurs
Sauteurs.
Parmi leurs bonds
Vagabonds,
Leurs folies
Hardies,
Mon nom, en courant jeté,
Vole répété,
Vanté !
Mais au champ de Mars
Je pars,
On lutte,
On dispute :
Mes chevaux,
Sur des bravos,
Sont ramenés
Couronnés !

La foule, avec
Grand respect,
Cite
Mon mérite ;
Car écuyers
Et coursiers
Me doivent tous leurs lauriers.

BRIDOIS, avec enthousiasme.

Je trouve que vous méritez la décoration de l'éperon d'or.

SAINT-ROBERT.

Merci... Mais, à présent, veuillez me dire à qui j'ai l'honneur de...

BRIDOIS.

Je suis Bridois... c'est moi qui vous ai été recommandé par le tailleur du Jokey-Club...

SAINT-ROBERT.

Ah ! oui, oui, je me souviens... Vous venez d'hériter ?..

BRIDOIS.

De vingt mille livres de rente ; c'est mon oncle, le boucher, qui m'a laissé ça depuis le neuf du mois qu'il a été abattu... par le trépas.

SAINT-ROBERT.

C'est bien de sa part.

BRIDOIS.

Moi, je ne veux pas être boucher comme mon oncle... J'ai été dans les pensionnats ; j'ai dû savoir le latin, et j'ai manqué d'apprendre l'anglais ; mais il ne m'est resté de tout cela qu'un amour fantastique pour les chevaux. A présent, c'est devenu une monomanie... ça me prend comme des rages de dents ; la nuit même, j'en rêve... Je vois des coursiers... je me crois au manége... je donne des coups d'éperon à ma couchette, et j'étrille mon oreiller.

SAINT-ROBERT.

Vous étiez né pour être un centaure !..

BRIDOIS.

Un centaure !.. Vous avez, sapristie, trouvé le mot. Centaure !.. moitié homme, moitié... Mais c'est de la mythologie !..

SAINT-ROBERT.

Avez-vous consulté un médecin ?

BRIDOIS.

Vous serez mon oméopathe, car je veux être votre fidèle imitateur. Voulez-vous me donner des leçons ?

SAINT-ROBERT.

Touchez là, monsieur Bridois... Je ne me charge pas de vous former, mais je vais vous mettre en bonnes mains.

BRIDOIS, sautant.

J'en hennis de béatitude.

SAINT-ROBERT.

C'est ici le quartier-général des maquignons ; je vous les ferai connaître, et vous pourrez commencer brillamment votre éducation hippiatrique.

Air : Tourne, tourne. (Du Marquis de Feltre.)

BRIDOIS.

Je veux devenir leur élève,
Et que, par leurs soins complaisans,
Mon éducation s'achève...

SAINT-ROBERT.

Ah ! vous n'attendrez pas long-temps.

SCÈNE IX.

LES MÊMES, LANDRY, GOURAND, TAUPIN,
tous les MAQUIGNONS.

LANDRY, sortant du cabaret, suivi des maquignons.
La dernièr' bouteille est finie,
Et le dernier verre est vidé :
Il ne reste plus que l'eau-d'-vie,
Dont le compt' n'est pas liquidé.

LANDRY, GOURAND et tous les Maquignons, faisant du gloria.
Pour fair' couler tout c' qu'on enfourne,
Chaud, chaud, mêlons bien tout ça ;
Car la tête nous tourne,
Quand le cognac tourne,
Tourne en gloria.

(Sur ce refrain, les Maquignons sont sortis du cabaret et disparaissent par différens côtés.)

SCÈNE X.

SAINT-ROBERT, BRIDOIS, LANDRY, GOU-
RAND.

GOURAND, le chapeau à la main.
Tiens, monsieur Saint-Robert, mes civilités,
ainsi qu'à votre aimable société.

LANDRY, saluant aussi.
Trop honoré de vous voir, M. de Saint-
Robert !..

SAINT-ROBERT.
C'est bien, mes amis, c'est bien !..

LANDRY.
Viendriez-vous ici des fois pour des objets de
notre compétence !

SAINT-ROBERT.
Oui ; vous savez Landry, que j'ai besoin de
votre avis sur ce beau coureur qu'on m'a amené
de Normandie, et que je vous ferai conduire ici
tout à l'heure... en attendant j'ai un service à
vous demander... Voilà M. Bridois, mon ami...

BRIDOIS, passant entre eux deux.
Qui désire être initié dans la connaissance
complète de la bête chevaline, comme un maquignon de profession.

GOURAND.
Ah bien ! je vois votre plan... Votre idée est
de savoir au juste les défauts et les qualités du
bétail.

SAINT-ROBERT.
Précisément !

GOURAND.
Ça va... Une supposition, vous voulez acheter
un animal, jeune homme; vous commencez par
lui saisir le sabot, et vous y furetez pour voir si
la sole n'est pas ébréchée.

BRIDOIS.
La sole... comme qui dirait la semelle.

GOURAND, prenant un des pieds de Bridois et le
levant.
Et puis la fourchette... parce que la sole ne
quitte pas la fourchette. C'est de cette manière-
là que la chose s'exécute. c'est l'opposé d'un tribu-
nal, au lieu de la main on vous fait lever le pied.
(Il le laisse tomber.)

LANDRY.
Mais ça ne suffit pas, vous regardez encore
l'autre !
(Il lève l'autre pied de Bridois et manque de le faire
tomber en le traînant.)

BRIDOIS.
Prenez garde, mon ami, vous allez me faire
tomber les quatre fers en l'air.

SAINT-ROBERT.
Et vous n'êtes pas ferré à glace !

LANDRY.
Comme la bête peut avoir des enflures, vous
explorez la mâchoire !

GOURAND, lui passant la main sous le menton.
Tenez, comme ça... en ce moment je tâte la
ganache. (Bridois fait la grimace et secoue la tête.)

SAINT-ROBERT.
Ne secouez pas la tête... c'est un tic qui vous
ôterait la moitié de votre valeur.

LANDRY.
Vous ne vaudriez pas trente écus avec ça.

GOURAND.
Et comme le quadrupatte peut avoir le défaut
de la pousse, vous lui serrez le gosier, autrement dit la rue au foin.
(Il serre le gosier de Bridois, celui-ci tousse plusieurs
fois.)

LANDRY.
Voyez-vous ! c'est un poussif, il a de la toux.

BRIDOIS.
Je crois bien, j'étrangle comme si j'avais un
marron rôti dans la louette.

SAINT-ROBERT, qui a ri à chaque expérience.
De la patience... tout cela est nécessaire à la
démonstration.

BRIDOIS.
Je sais bien, aussi je m'y prête avec beaucoup
d'intérêt.

GOURAND.
Vous achevez votre inspection par les dents.
(Il lui ouvre la bouche. Bridois retire sa tête et s'es-
suie la bouche avec son mouchoir.) Quelles dents
de lait !

LANDRY.
Mais tout cela n'est que de la mixtification tant
qu'on n'a pas vu trotter le sujet !

GOURAND.
Vous prenez l'individu par la bride, et hop!
(Il veut le faire courir.)

BRIDOIS, à Gourand.
Assez, assez, je suis éclairé ! la sole, la fourchette...

SAINT-ROBERT, bas aux autres.
Il va bien, mon élève... nous en ferons quelque chose... je l'emmène... Venez, M. Bridois.

BRIDOIS.
Mon cher Saint-Robert, vous me voyez dans
l'enivrement, maintenant, j'achèterais toutes
sortes de bêtes sans crainte d'être attrapé.

SAINT-ROBERT.
Oh ! diable!.. faudrait encore vous défier...
vous ne connaissez donc pas le proverbe... En
fait de chevaux, on tromperait son père...

Air du Calife.
Vous marchez dans un précipice
Sur le terrain des maquignons !

GOURAND.
On vous env'lop' dans l'artifice
Et vous n'y voyez qu'des lampions.

LANDRY.
De peur de vous laisser induire
Songez qu'il faut toujours vous dire :
Les ch'vaux sont comm' les champignons.

GOURAND.

Y en a ben pus d'mauvais que d'bons.
Comm' les maris et comm' les m'lons,
Y en a ben plus d'mauvais que d'bons!

(Saint-Robert et Bridois sortent.)

SCÈNE XI.

GOURAND, LANDRY, TAUPIN puis DANIEL.

TAUPIN, sortant du cabaret à Gourand.

Hé, hé, mais dites donc vous, père Gourand,
et mon foin, est-ce que vous allez pas bétot me
l'amenais dans vot' charrette?

GOURAND.

On y va... on y va... mon ch'val est attelé
d'puis à c'matin.

LANDRY, allumant sa pipe avec une allumette chi-
mique.

Va donc, vieux loupeur.

(Gourand court à sa porte et trouvant Daniel.)

GOURAND, apercevant Daniel.

Ah! cré... nom de nom, qué qu'tu fais là donc
toi... rat d'écurie.

DANIEL, tenant sa casquette.

J'ramasse ma casquette.

GOURAND.

Ta casquette, intrigant! j'vas t'donner un' ca-
lotte, ça te tiendra plus chaud aux oreilles.

DANIEL.

Vous êtes un homme affreux... dans tous les
genres.

GOURAND.

Ne te r'trouve pus sur mon ch'min, car j'te
couperais en deux pour passer au milieu.

(Il le prend par l'oreille et le reconduit chez Jossard.)

DANIEL.

Ça m'est égal... Muphti s'en est donné une
bosse... six mesures d'avoine.

(Ici, on entend Gourand frapper à coups redoublés
sur un cheval en criant;)

GOURAND, dans la maison.

Hue! ahie donc, vieille rosse!

LANDRY, regardant(

Tiens! il paraîtrait que l'haridelle de Gourand ne peut pas démarrer,

(Ils remontent tous la scène pour regarder.)

DANIEL.

Qu'est-ce qu'il va donc lui faire?

GOURAND, en dedans.

Avanceras-tu gueux de feignant!

LANDRY, lui parlant du dehors.

Sur le nez, ferme!.. sur la tête, bon!.. faut
pas le ménager.

DANIEL, accourant.

A la garde! à l'assassin!

SCÈNE XII.

LES MÊMES, JOSSARD, GERVAISE.

GERVAISE, accourant du cabinet.

Qu'est-ce que c'est?

DANIEL.

Voyez, M. Jossard... voyez le brigand!

GERVAISE.

Oh! c'est une horreur!.. mais cette pauvre
bête ne peut pas traîner cette pesante voiture.

JOSSARD.

Il va le tuer... oh! ces charretiers sont féroces!

LANDRY.

Ah!.. le v'là tombé!.. il souffle comme un
tuyau à vapeur... allons l'aider à se relever.

(Landry et les autres marchands se précipitent dans la
coulisse.)

GERVAISE.

Ça me fait mal de voir ça.

DANIEL, à la coulisse.

Et dire qu'un animal si bon, si valeureux est
tombé dans ces mains-là!.. Ah! si j'avais de
l'argent, des effets...

JOSSARD.

Que ferais-tu donc?..

DANIEL.

Je vendrais tout, je donnerais tout pour l'a-
voir!.. tenez M. Jossard, trois ans, dix ans de ma
vie sont à vous, si vous voulez retirer Mufti des
mains de son bourreau!..

GERVAISE.

C'est une bonne idée!.. mon papa, vous avez
un charriot, il vous faut un cheval, vous allez
acheter celui-là!..

JOSSARD.

Moi!.. ah ben oui! ta mère ferait de beaux
cris!

GERVAISE.

Ah!.. mon petit papa!.. je vous aimerai
bien.

JOSSARD.

Eh ben! dame!.. s'il n'était pas trop cher.

SCÈNE XIII.

LES MÊMES, GOURAND, LANDRY, TAUPIN, LES AUTRES.

GOURAND.

Pas moyen, quoi!.. le gredin qu'il est a une
jambe engagée sous lui!..

LANDRY.

Et il mord, quand on l'approche!..

JOSSARD.

Il faudrait décharger la voiture!..

GOURAND.

Pus souvent!.. j'aimerais mieux allumer un
tortillon de foin et lui brûler le nez!..

JOSSARD.

C'est ben cruel ce que vous voulez faire là,
père Gourand!.. je ne le souffrirai pas!..

GOURAND.

De quoi?.. de quoi?.. est-ce que ça vous regarde vous, gargottier!.. allez donc faire vos
bifftecks de culottes de peau... et ne vous mêlez
pas des bêtes de votre prochain!..

(Tous rient en se moquant de Jossard.)

JOSSARD.

Combien voulez-vous le vendre, votre cheval!

GOURAND.

Le vendre?.. oh! cette farce! qui diable voulez-vous qui s'harnache d'un mauvais carcan de
cette acabit-là?..

GERVAISE.

Qu'est-ce que ça fait?..

DANIEL.

Pourvu qu'on vous le paie bien... chien!

GOURAND, à part.

Au fait, ça me débarrasserait d'un embêtement qui dure depuis long-temps!.. (Haut, d'un ton câlin.) Après ça, père Jossard, la bête a des qualités, c'est un bricollier qui ne boude pas; ce cheval-là... c'est une trouvaille, voyez-vous, seulement il n'a jamais pu se faire à moi!..

JOSSARD.

Je crois ben!.. vous l'assommez à la journée!..

GOURAND.

J'en trouverai ben encore 200 francs quand je voudrai, pas moins!..

JOSSARD.

Oh! par exemple!..

GOURAND.

Cent écus, ça vous irait-il?

JOSSARD.

Encore bien moins.

GOURAND.

Et 150 francs.

GERVAISE.

Oui, nous acceptons!..

JOSSARD.

Puisque ma fille l'a dit, marché fait!

GOURAND.

Bien vrai?.. ma foi, ça va!

JOSSARD.

Gervaise, va chercher de l'argent. (Gervaise court au cabaret.) Toi, Daniel, cours dételer le cheval et tu l'amèneras!

DANIEL.

Oui! oui! vous verrez comme il sera doux avec moi!.. oh! Mufti!.. te v'là donc sauvé. (Il entre dans la coulisse.) Mufti, me v'là... je suis à toi!

LANDRY.

Malgré ça, mon papa Jossard, je trouve que vous êtes joliment fourré dedans!

JOSSARD.

Ça fait plaisir à ma fille!..

GERVAISE, accourant, et tenant un sac.

Voilà la somme convenue pour votre cheval.

GOURAND, le prenant.

Accepté!

SCÈNE XIV.

LES MÊMES, Mme JOSSARD, arrivant avec colère.

Mme JOSSARD.

Le cheval?.. Qu'est-ce qui se passe ici!.. on achète un cheval!..

GERVAISE.

Maman, c'est moi qui!..

Mme JOSSARD.

Vous ignorez donc le malheur qui nous arrive?..

JOSSARD.

Quoi donc!.. Pacifique!

Mme JOSSAR.

Je ne peux pas le dire devant tout le monde!.. reprenez ce cheval, je n'en veux pas!..

GOURAND.

Du tout!.. l'affaire est finie! il vous restera!.. je me moque de vos propos!.. j'en veux plus... la mère Camus!..

(Il lui fait des gestes de moqueries avec ses mains.)

Mme JOSSARD.

Encore une fois, il n'entrera pas chez nous, je ne veux pas qu'on l'amène!..

JOSSARD.

Que veux-tu... il est trop tard pour se dédire... je le garderai...

SCÈNE XV.

LES MÊMES, DANIEL, sortant de la grange et indiquant le cheval à tous les personnages qui sont en scène.

Air nouveau, de M. Nargeot.

DANIEL.

Le voilà, le voilà, place! place!

TOUS regardant à la porte de la grange.

Ah! ah! qu'il a l'oreille basse.

DANIEL.

Le voilà mon Mufti,
Mon ami.

LANDRY, Mme JOSSARD, GOURAND, ET LES AUTRES
MAQUIGNONS.

Ah! se peut-il qu'on achète,
Une aussi vilaine bête,
Il faut être à moitié fou,
Il ne vaut pas son licou!

DANIEL, GERVAISE JOSSARD, s'approchant du cheval.

Qu'il soit laid ou beau, moi je l'aime.
Pauvre Mufti tu nous plais tout de même.

TOUS LES AUTRES, riant.

Ah! c'est un joli bijou!

MADAME JOSSARD et LES AUTRES MAQUIGNONS, désignant
Mufti.

C'est une bête effroyable!
Ce Gourand est bien retors,
Vendre un animal semblable,
Sans en avoir de remords.

JOSSARD GERVAISE, DANIEL, regardant Mufti.

Ce cheval que l'on accable,
Pourra bien servir encor,
On le trouve méprisable
Et c'est peut-être un trésor!

FIN DU PREMIER ACTE.

ACTE II.

Le théâtre représente l'intérieur du Marché aux Chevaux ; à droite et à gauche, tout le long des coulisses, sont des barrières en bois ; au fond, dans la perspective, des habitations. A droite, une petite buvette ; à gauche ; la barraque de l'inspecteur.

SCÈNE I.

L'INSPECTEUR, DIVERS MAQUIGNONS ; puis GOURAND et LANDRY.

(Au lever du rideau divers maquignons et autres individus entourent l'Inspecteur et se font inscrire sur son registre.)

Air du marché de la Muette.

Allons ! au bureau des Octrois,
Sans plus tarder, que chacun passe.
Rien ne se vendra sur place
Sans avoir acquitté les droits.

L'INSPECTEUR.

En ma qualité d'Inspecteur du marché aux chevaux, je dois vous prévenir qu'on m'a signalé des tromperies très graves ; des chevaux changés, d'autres égarés, et bon nombre dont les vendeurs n'étaient pas les légitimes propriétaires...

TOUS.

Pas moi, pas moi ! incapable !

L'INSPECTEUR.

Ainsi, souvenez-vous bien que j'aurai l'œil sur les compères.

GOURAND, paraissant avec Landry.

De de quoi ! de de quoi... qui çà celui-là qui parle de destituer les compères ?

L'INSPECTEUR.

C'est moi... mauvais gars... et je t'engage à prendre garde à toi ; je ne te dis que ça...

GOURAND.

Je suis connu. Gourand, marchand de chevaux en chambre, et payant patente. (A part.) sous la semelle de mes souliers !

L'INSPECTEUR.

C'est égal !.. fais bien attention, je ne te dis que ça.   (L'Inspecteur sort.)

GOURAND, de loin, le menaçant.

Va donc, jésuite !.. Eh ben, Landry, nous amènes-tu quet chose de chouette ?

LANDRY.

Je viens en exposer trois qui sont pas mal raffalés.

GOURAND.

Nous les reficellerons, et l'Inspecteur n'y verra du gaz.,. car les maquignons en savent plus long que tous les potirons de l'administration, comme dit la chanson.

Air nouveau d'Amédée Beauplan.

S'il est, sur terre,
Un état
Plein d'éclat
Et de poussière,
C'est celui, cher compagnon,
De maquignon.
Chopineur exagéré,
Très altéré,
Il est toujours toujours camphré.
Très altéré,
Il est toujours camphré.
Aux foires, aux marchés,
Commettant sept péchés,
Il connaît les roustissures,
Prépare les déconfitures.
Et plume le dindon,
Plein d'abandon,
Et sans murmures...
Puis il fait
Claquer son fouet.
Voilà le bon
Maquignon !

TOUS, reprenant le refrain.

Voilà,
Oui, voilà
Le bon
Maquignon.

GOURAND.

Levant la tête,
Bien fic'lé,
Bricolé,
D'une fillette,
Il vous sait piquer le cœur
En vrai vainqueur !
On aim' son teint coloré,
Même cuivré
Et son joli chapeau ciré.
Son teint cuivré
Et son chapeau ciré.
Mais le vrai bambocheur
N'est jamais qu'un farceur,
Et, si sa maîtresse le triche,
Je dois vous dir' qu'il s'en fiche.
Trouvant un autre amour,
Le même jour,
Il déniche !
Puis il fait
Claquer son fouet.

Voilà,
Oui, voilà
Le bon
Maquignon !

(Tous les maquignons sortent sur le refrain.

SCÈNE II.

GOURAND, LANDRY, SAINT-ROBERT.

LANDRY, apercevant Saint-Robert.

Tiens ! tiens ! en parlant de maquignons... en voilà le monarque... Quand qu'on parle du loup on en voit l' paletot.

SAINT-ROBERT, vivement.

Ah ! c'est vous... messieurs ?.. je vous cherchais...

LANDRY et GOURAND.

Bonjour, confrère... serviteur, confrère.

SAINT-ROBERT, avec étonnement.

Confrère?.. Pour qui me prenez-vous ?

LANDRY.

Excusez !.. mais je maintiens l'épictète... Ex-ce que vous auriez idée d'en rougir, aujourd'hui ? c'est bon devant le monde... mais, entre gens de la partie, on peut lâcher sa langue !

SAINT-ROBERT,

Vous savez pourtant que je suis un amateur, que je ne fais pas le commerce.

LANDRY.

Allons donc... connu... chacun a ses trucs...

GOURAND.

La Charte défend pas les trucs !..

LANDRY.

Les vôtres, c'est de vous promener au bois de Boulogne avec vos attelages et vos caracoleurs... pour allumer les chalands de la haute volée.

GOURAND.

Le marché se conclut sous le feuillage.

LANDRY.

Et les amateurs peuvent dire, en sortant de la Porte-Maillot...

GOURAND.

Je l'ai été comme dans un bois.

SAINT-ROBERT, riant.

Eh bien !.. quand ça serait ?.. C'est pour obliger mes amis que je leur cède mes élèves... Mais il s'agit d'autre chose... J'ai un cheval à placer.

LANDRY.

Des vôtres ?

SAINT-ROBERT.

Hélas, oui...

GOURAND.

Lequeul ?..

SAINT-ROBERT.

Walter Scott.

GOURAND.

Voltaire Coq !

LANDRY.

L'Anglais de Normandie... que vous avez acheté, il y a un mois, à Taupin... Je le croyais un phénisque ?..

SAINT-ROBERT.

Plein de vices... abîmé de défauts !

LANDRY.

Voilliez-vous ce vilain bétail-là... qu'a été pus malin que nous trois, qui avons pourtant des yeux de Larinx.

SAINT-ROBERT.

Je veux m'en défaire sur-le-champ.

GOURAND.

Dans qué prix que vous en voulez ?

SAINT-ROBERT,

Mais, huit cents francs...

GOURAND.

Nous vous trouverons un s'rin de ce numéro-là...

SAINT-ROBERT.

Pas la peine, j'ai un acquéreur.

LANDRY.

Pour lors, à quoi que nous vous sommes bons

SAINT-ROBERT.

Vous, Landry, pour l'embellir... vous, Gourand, pour le faire mousser...

LANDRY.

C'est juxte !.. vous voulez qu'on le refasse, comme on dit dans l'état.

GOURAND.

Qu'on le rabiboche... Et où ça qu'il perche vot' zéphir ?*

SAINT-ROBERT, montrant le fond.

Là, sous ce hangard ; mon groom le tient.

LANDRY, appelant.

Eh ! petit Goddam ?.. Milord Lanturlu... aboule ici avec ton porichinelle.

(Ils se rapprochent tous trois de la coulisse et indiquent le cheval qui est censé s'y trouver.)

GOURAND, entrant à moitié dans la coulisse.

Holà... hé... mon coco... nous allons te donner un badigeon soigné... tourne... tourne...

Air : Titi au chemin de fer.

Comme l'on change les chevaux
Ah ! c'est charmant sur ma parole
Et comme on vous les rafistole,
Des vieux on en fait des nouveaux.

LANDRY, indiquant le cheval.

Dites donc ?.. votre bel indomptable... voyez donc c'tte entaille de longueur ! ah ! je devine ! il s'est coupé en f'sant sa barbe.

SAINT-ROBERT.

C'est la selle qui l'a blessé...

LANDRY, donnant un paquet à Gourand.

Voilà le grand remède...

GOURAND.

D' la pommade de chameau.

LANDRY.

Mieux que ça.

GOURAND, ouvrant le paquet.

Un faux toupet.

(Il se rapproche de la coulisse, et paraît occupé après le cheval.)

SAINT-ROBERT, souriant.

Je leur ai vu faire ces tours-là vingt fois,.. et j'y serais encore pris.

GOURAND, revenant.

Voilà... collé !.. passons à d'autres lézardes. (Il regarde les jambes.) Oh ! oh ! diable ! il est très dévot ! il se met souvent à genoux ! c'est pis qu' l'empereur de la Chine... il est deux fois couronné...

LANDRY, tirant une bouteille.

En avant l'huile de Congo ! (Il passe la bouteille à Gourand qui se baisse et a l'air de teindre les genoux.) dextiné à teindre les moustaches et carabis du plus beau noir.

GOURAND.

Et pouvant servir également à cirer les bottes.

GOURAND, ayant l'air de regarder les dents.

Voyons, tes quenottes, mon coco !.. ah ! qué touch's de piano ! attends j' vas t' fair' repousser des dents d' lait...

LANDRY, tirant une grosse lime.

Faut lui faire manger un peu de baume d'acier.

(Il remet la lime à Gourand.)

SAINT-ROBERT.

Je comprends... la fontaine de Jouvence !

GOURAND, au cheval.

Ah ! tu t' permets d'être un ancien... toi ? tu n'as plus la marque... j' vais te r'passer un' contremarque... (Il se met à limer les dents au bord de la coulisse.) ça vient... ça vient il n'a plus que sept ans !

SAINT-ROBERT, s'avançant.

Ma foi oui !

GOURANT, limant toujours.

Six ans ?

LANDRY.

Age d'argent !

GOURAND.

Cinq ans ?

LANDRY.

Age de diamant !

SAINT-ROBERT.

Parfait !.. il ne me manque plus qu'une chose c'est d'en faire une bête à tout crin...

LANDRY.

Le pont aux ânes.

GOURAND, montrant une queue de cheval.

En voilà une de longueur! (Il attache la queue.) à présent tu peux aller aux courss' tu gagneras tous les paris... tu seras le coq à la poule avec ta queue à procédé

TOUS.

Reprise du chœur.

Comme l'on change les chevaux
Ah ! c'est charmant sur ma parole
Et comme on vous les rafistole,
Des vieux on en fait des nouveaux.

GOURAND, à Saint-Robert en fouillant dans son gousset.

Quel malheur qu'il ne soit pas borgne on y aurait mis un faux t'œil.

(Il montre un œil de verre.)

LANDRY, reprenant.

Un faux x'œil ! tu parles français comme l'épouse d'un bœuf espagnol...

SAINT-ROBERT, regardant au loin.

Attention... voici mon intime ami...

GOURAND et LANDRY, regardant.

Tiens! c'est ce M. Bridois... connu! connu!

SCÈNE III.
SAINT-BOBERT, BRIDOIS, GOURANT et LANDRY.

(Pendant le commencement de la scène, Landry et Gourand se promènent dans le marché.)

BRIDOIS, entrant d'un air triomphant et sans voir Gourand.

Air : Le roi Jacques, de lady Melvil.

Enfin je suis reçu dans la garde à cheval
Pour moi quel bonheur sans égal !
Dès demain, sans retard, dans la treizième légion,
Je passerai l'inspection
Avec le beau pantalon
A galon.
Et sur mon shakos
Des plumes de coqs.
Ah ! croyez-moi ,
Quand déjà je m'y voi.

Je suis ma foi,
Oui, sur ma foi,
Heureux comme un roi !

SAINT-ROBERT.

Reçu dans la cavalerie... vous voilà le pied dans l'étrier.

BRIDOIS.

Mon uniforme est commandé il ne me manque plus que le cheval...

SAINT-ROBERT.

Justement en voilà un qu'on me propose pour vous ?..

BRIDOIS.

L'avez-vous examiné ?

SAINT-ROBEBT.

Je vous attendais...

BRIDOIS.

Oh !.. je m'y connais à présent !

SAINT-ROBERT, à mi-voix montrant les maquignons.

C'est égal faites bien attention... ces farceurs ont si peu de conscience !

BRIDOIS.

Laissez donc... c'est moi qui les mettrais dedans... (Appelant.) Holà... hé... où est le bucéphale.

GOURANT, montrant la coulisse.

Voilà le beaucéphale demandé...

BRIDOIS.

Son nom ?

GOURAND.

Voltaire Coq.

SAINT-ROBERT.

Walter-Scott.

BRIDOIS.

Ah ! oui Walter-Scott... un auteur Allemand, (Entrant à moitié dans la coulisse.) Le pied ! levons le pied ! (On lève le pied du cheval.) Oh ! oh ! quel gros sabot ?

LANDRY.

Ça dure plus long-temps...

GOURAND.

Quand on va à pied !..

BRIDOIS, à Saint-Robert.

Votre avis ! homme éclairé !..

SAINT-ROBERT, faisant la moue.

Heu ! heu !

BRIDOIS, regardant de loin le cheval.

Bon jarret ! belle robe ! queue de pacha !.. et pas cornard !.. ma foi ça me va !..

SAINT-ROBERT.

Attendez donc !.. attendez donc !.. visitez au moins la bouche !..

BRIDOIS.

Ah ! oui !.. j'oubliais. (Il va dans la coulisse.) Voyons... la ganache...

GOURAND.

Je la vois d'ici...

BRIDOIS.

Il est tout jeune... 5 ans !..

GOURAND.

Aux herbes !

LANDRY.

De la Saint-Jean !

GOURAND.

C'est beau, c'est frais, c'est sain... pas un poil à refaire et garanti... vous avez la garantie!

SAINT-ROBERT.

Vous en répondez... vous le connaissez bien !

GOURAND.

Je le connais comme si je l'avais fait.

BRIDOIS.

Combien en voulez-vous ?

GOURANT.

Ah ! dam... il y a du beurre à tout prix ! celui là est salé...

LANDRY.

Faut-il vous dire un prix?.. 2500... francs.

SAINT-ROBERT.

2500 francs... vous êtes des Arabes, Messieurs!.. (A Bridois.) Ne le payez pas ce prix-là !..

BRIDOIS.

Ah ben oui !.. (Aux marchands.) Vous êtes des Arabes, Messieurs!.. j'en offre 2000 francs.

GOURAND.

Les quatre chiffons?.. (Avec abandon.) Tenez, emmènez-le !..

SAINT-ROBERT.

Vous l'auriez eu pour 1500 francs !..

BRIDOIS, donnant des billets de banque à Gourand.

Bah ! j'ai 20,000 livres de rente...

SAINT-ROBERT.

Je ne vous ai pas conseillé ce marché-là !

BRIDOIS.

Je pars!.. je vais le faire revêtir d'un harnais tout d'argent !.. je me livre tout vif aux regards de mes camarades et du beau sexe !.. et qui sait !.. je peux toucher le cœur d'une petite baronne ou d'une grande écuyère de Franconi !

REPRISE DU REFRAIN DE SON COUPLET D'ENTRÉE.

Je suis ma foi
Heureux comme un vice-roi !

(Il sort du côté où est le cheval.)

SCÈNE IV.

GOURAND, LANDRY, SAINT-ROBERT.

(Tous se mettent à rire aux éclats en se regardant.)

SAINT-ROBERT.

Maintenant, Messieurs, à nous trois, je suis pressé, il y a à la barrière de Fontainebleau une grande course d'amateurs.

LANDRY.

Je crois bien on y voit déjà une file d'équipages extravagante!..

SAINT-ROBERT.

Faisons nos comptes.

GOURAND.

Il vous revient huit cents francs...

SAINT-ROBERT.

Comment, huit cents francs.

LANDRY.

C'est la somme que vous avez fixée vous-même !..

SAINT-ROBERT.

Et le reste ?

LANDRY.

C'est pour la commission.

GOURAND.

Le pot de vin... c'est dans les mœurs !

SAINT-ROBERT, fortement.

Mais c'est odieux !

LANDRY.

Ne crions pas ! on partage.

GOURAND.

Ou si vous aimez mieux, je vas courir après l'autre pour rendre le marché nul !

SAINT-ROBERT.

Oh ! ça ne se passera pas comme ça.

UN DOMESTIQUE, entrant.

M. de Saint-Robert, Mme la Comtesse qui vous a aperçu, vous attend dans sa calèche pour l'accompagner aux courses.

SAINT-ROBERT.

La Comtesse !.. si elle me voyait disputer avec ces gens-là ! (Au domestique.) J'y vais.

LANDRY.

Acceptez-vous?

SAINT-ROBERT, bas.

Oui! oui! (Il prend les deux billets.) Mais vous êtes d'infâmes flibustiers.

(Il sort avec le domestique.)

GOURAND et LANDRY.

Adieu, confrère.

SCÈNE V.

GOURAND, LANDRY, puis GERVAISE et DANIEL.

(Ils vont devant la buvette, on les sert, ils s'asseyent.)

Air : Du père Triuquefort.

Pour terminer cette affair' délicate.
Un coup d'genièvr', garçon, et que ça gratte.

LANDRY, allant au fond, du côté où est sorti Saint-Robert.

A ta santé, charmant aristocrate.

GOURAND, de même.

A la santé de ton jobard d'ami,

DANIEL et GERVAISE, entrant ensemble par le fond.

Je crois qu'c'est ben ici
Que votr' / mon pèr' nous a dit d'l'attendre
Avec ce pauvr' Muphti,
Que sus l'marché nous allons vendre.

LANDRY, les désignant à Gourand.

Tiens, vois donc ces gens désolés,
Gervaise et Daniel tout troublés.

GOURAND à Landry.

Les Jossard, de peine accablés.
Sont applatis et sont coulés,
Et comm' de simples raffalés,
Sous la porte ils ont mis les clés.

DANIEL, à Gervaise.

Pour nous, mam'selle, hélas ! plus d'espérance !

GERVAISE, à Daniel.

D'un' bonne action, v'là donc la récompense ?
Tous les bonheurs arrivent aux méchans...

DANIEL,

Et la misèr' tomb' sur les honnêt's gens !

ENSEMBLE.

DANIEL et GERVAISE, regardant du côté du cheval.

Pleurons ! pleurons ! l'ami qu'on regrette,

GOURAND et LANDRY, trinquant.

Buvons ! buvons ! vidons la topette.
Encor ! encor !

GERVAISE et DANIEL.

Ah ! quel triste sort.

GERVAISE.

Ainsi tout est donc fini, M. Daniel ?

DANIEL.

Oui, mam'selle, le cabaret est fermé... on vend les meubles aujourd'hui... L'homme chez qui que vot' pauvre père avait placé ses économies a tout emporté.

GERVAISE.

C'est vrai... il ne nous reste plus que notre cheval.

DANIEL.

Et encore si on ne s'en est pas défait plus tôt, c'est grâce à vous, mam'selle !... vous avez tant prié, supplié, pour ce pauvre Muphti, qu'on l'a gardé jusqu'au dernier moment !.. Je viens de l'amener au marché ! j'en sanglotte de désespoir.

(Landry et Gourand se rapprochent d'eux.)

LANDRY, qui fume un cigarre.

Ah ! tu viens vendre ta bique, petit ?

GOURAND, qui fume aussi.

En veux-tu quinze livres dix sous, Alsacien... pour la peau.

GERVAISE, les apercevant.

Tiens ! ils étaient là !

(Elle fait un mouvement pour s'éloigner.)

LANDRY, la retenant.

Est-ce que la pipe vous grise, Gervaise ?.. Parce qu'on ne se marie plus ensemble, il ne faut pas se fuir pour ça !.. il y a dans la vie des accidens qui font manquer bien des hyménées, allez.

GOURAND.

Dam, quand la dot est fondue, sauve qui peut.

LANDRY.

D'ailleurs, je n'ai point été sans générosité au vis-à-vis de votre père, je lui ai prêté cinquante pistoles sur un billet.

DANIEL.

Oui, et vous le faites poursuivre !

GOURAND.

Assez dialogué... laisse-les, Landry, et viens à la course avec moi.

DANIEL, vivement.

Il y a une course... où ça ?

LANDRY.

A la barrière de Fontainebleau... coco

DANIEL.

Oh ! si je pouvais !.. le marché n'ouvre qu'à trois heures... j'aurais encore le temps...

GERVAISE.

Quoi donc !

DANIEL.

Une idée ! mon frère que je cherche partout ! si par hasard...

GERVAISE.

Je comprends !.. allez vite !.. et soyez revenu pour la vente.

(Landry, Gourand et Daniel sortent.)

SCÈNE VI.

GERVAISE, JOSSARD, Mme JOSSARD.

Mme JOSSARD, accourant.

Ah ! je te cherchais, ma fille !.. Eh ben ?

GERVAISE.

Eh ben ! il est là... Daniel l'a amené.

JOSSARD.

Il l'aura mis avec tous les autres.

Mme JOSSARD, à son mari.

A présent que nous avons tout perdu... est-ce que j'avais tort de crier contre toi, quand tu fesais des dépenses aussi ruineuses que ça !.. c'était par pitié, que vous disiez !.. Ça nous a mené loin cette humanité-là pour une bête... personne n'en a pas eu pour nous quand nous avons été sur le pavé de la rue.

JOSSARD.

Eh ben ! quand tu te plaindras toujours.

(On entend une cloche.)

Mme JOSSARD.

Tais-toi... v'là l'ouverture du marché !

SCÈNE VII.

LES MÊMES, L'INSPECTEUR, suivi de Maquignons, d'Amateurs, hommes et femmes.

CHŒUR GÉNÉRAL.

Air : Le Postillon de Mam' Ablou.

Amis, l'marché vient de s'ouvrir,
C'est la cloch' qui sonne,
Hâtons-nous vite d'accourir,
Puisque c'est le signal qu'on donne.
Nous avons les ch'vaux les meilleurs,
Il n'nous manqu' plus qu'les acheteurs.
Mais qu'il s'présente des chalands,
Et nous les mettrons dedans.

L'INSPECTEUR, appelant.

Le sieur Jossard.

JOSSARD, s'approchant de lui.

C'est moi, M. l'inspecteur.

L'INSPECTEUR.

Vous avez fait inscrire un cheval ?

Mme JOSSARD.

Eh ben oui... est-ce que c'est pas permis ?

L'INSPECTEUR.

Si madame... mais il faut acquitter le droit de cinquante centimes.

JOSSART, lui donnant une pièce.

Voilà.

Mme JOSSARD.

Dix sous !.. et si on ne vend pas l'animal ?

L'INSPECTEUR.

On paye de nouveau chaque fois qu'on l'a-mène.

(Il s'éloigne.)

Mme JOSSARD.

Comme ça, il peut coûter plus qu'il ne vaut !

JOSSARD.

Puisque c'est les réglemens qui le veut !.. tu n'as rien à dire.

Mme JOSSARD.

Laisse donc, c'est tout ça un tas de tire-liards, de grapilleurs qui tondraient sur la tête d'un chauve !

PREMIER MARCHAND, s'approchant de Jossard.

Voulez-vous un ponney, mon brave homme ?

JOSSARD.

Du tout.

DEUXIÈME MARCHAND, fouettant un des chevaux exposés.

Un beau limonier !.. là !.. voyez, messieurs et dames !.. ça tire 12,000.

LE PREMIER MARCHAND, saisissant un promeneur.

Venez, mon Anglais, mon mylord !.. c'est un

compatriote que je veux vous faire voir... il vous
ira comme une culotte de panne!

(Il l'entraîne malgré lui dans la coulisse.)

TOUTE LA FOULE, riant en regardant la coulisse.

Ah! ah! ah! ah! la rossinante de don Qui-
chotte!

GERVAISE.

Qu'est-ce qu'il y a donc?

Mme JOSSARD, avec aigreur.

Pardine!.. c'est sans doute ton beau Muphti
qu'on amène et qui fait rire tout le monde!

GERVAISE.

Allons-y, maman, nous verrons bien si c'est
lui.

(Elles s'éloignent tout doucement au fond en regardant les chevaux.)

JOSSARD, leur criant de loin.

Et vous direz à Daniel de ne pas le vendre
sans me prévenir.

(Il regarde aussi les chevaux, et se met dans un
groupe avec les marchands.)

SCÈNE VIII.

LES MÊMES, GOURAND, arrivant tout essoufflé.

GOURAND, très ému.

C'est une vision à vous coller sur place!.. mais
pas de bruit!.. faut mener l'affaire moëlleuse-
ment... du miel... beaucoup de miel... et le tour
est fait!..'(Il va prendre Jossard par le bras et l'amène
sur le devant de la scène.) Ah! vous voilà!.. mon
bon père Jossard... souffrez qu'un ami vous la
serre.   (Il lui presse la main.)

JOSSARD, le regardant avec surprise.)

Merci, Gourand.

GOURAND.

Vous êtes tombé dans une fière débine, mon
pauvre bonhomme, mais ça n'ôte rien à mes sen-
timens pour vous, les malheureux m'ont toujours
trouvé sensible et pitoyable!..

JOSSARD.

C'est vrai!.. on croit comme ça... tandis que
souvent... au contraire...

GOURAND.

Vous venez de vendre votre bique de Mupti,
n'est-ce pas?..

JOSSARD.

Forcé mon ami...

GOURAND.

Vous en trouverez peut-être ben dix écus à la
criée...

JOSSARD.

Mais non; l'Alsacien l'a si bien soigné depuis
un mois, qu'il s'est remplumé un petit peu...

GOURAND.

Rêve de propriétaire!.. cet oiseau-là ne se
remplumera jamais!.. Il n'est bon qu'à envoyer
au pompes funestes!.. il ne prendra pas le
mort aux dents... Je vous ai dit que j'étais humain, Jossard, je veux vous le prouver tout de
suite; je vous reprends le sujet pour le redouble
de ce que je vous l'ai vendu dans le temps...

JOSSARD, avec joie.

Trois cents livres?..

GOURAND.

Ça même; j'en ai le placement et j'aime mieux
vous faire gagner ça qu'à un autre... vous in-
fortuné, et moi maquignon humain!..

JOSSARD.

C'est superbe de votre part, Gourand, je vas
appeler ma femme pour lui dire...

GOURAND.

C'est pas la peine...

JOSSARD.

Mais je n'ai pas vu le cheval, je ne sais pas
où Daniel l'a mis...

GOURAND.

Je le sais, moi... Allons au bureau de l'Inspecteur, nous finirons tout de suite, et je vous
solderai au comptant...

JOSSARD.

Je veux bien; mais souvenez-vous que je n'ou-
blierai jamais cette belle action!.. je le dirai à
tout le monde... (Il appelle dans la coulisse.) Pacifique! Pacifique!..

GOURAND, l'entraînant.

Venez, venez donc!..

(Il l'emmène et tous deux entrent dans la baraque
de l'inspecteur.)

SCÈNE IX.

Mme JOSSARD, LANDRY.

Mme JOSSARD, qui était dans la coulisse, reparaît au
fond en disant:

Qu'est-ce qui m'appelle?..

LANDRY, d'un air empressé.

Parole d'honneur c'est romanexe!.. (Regardant
autour de lui.) Ah! v'là son épouse!.. il faut que
je la confixe à mon profit, et chaudement...
(Il s'approche de Mme Jossard et la salue.) Mme Pacifique, voulez-vous me faire l'amitié de rece-
voir mes civilités, et m'accorder trois minutes
de conversation?..

Mme JOSSARD, descendant la scène avec lui.

Je veux bien, M. Landry; mais qu'est-ce que
vous pouvez avoir à ma dire?..

LANDRY.

Des choses dont je suis susceptif de vous sur-
prendre extrêmement avec...

Mme JOSSARD.

Parlez...

LANDRY.

Mme Pacifique, l'amour est un moutard qui fait
furieusement de ravages dans le cœur des humains!.. vous avez beau prendre la pelle et le
balai pour le mettre à la porte, ce joli polisson
est plus fort à lui tout seul qu'une compagnie
de la garde municipale...

Mme JOSSARD.

Où voulez-vous en venir, à ce sujet-là?..

LANDRY.

Je veux en venir à vous esprimer mes tracas,
mes embêtemens intérieurs, du depuis qu'il a
été décidé que je n'épouserai plus votre fille!..

Mme JOSSARD.

C'est vous qui l'avez refusée!..

LANDRY.

Je vous la redemande, je suis mordu par ses
yeux, il faut qu'elle me guérisse.

Mme JOSSARD.

Je ne comprends pas ce qui peut vous avoir retourné de cette manière-là, il fallait réfléchir à tout ça, avant de nous planter là comme des piquets.

LANDRY.

Nom d'un petit bonhomme ! vous me lardez le cœur à coups d'éperon !.. Je vous dis que Gervaise me tient dans ses griffes, je veux être son mari... (Il regarde dans la coulisse.) Le temps presse, il le faut !..

Mme JOSSARD.

Un joli futur qui fait poursuivre son beau-père pour cinq cents francs ; vilain rapace !..

LANDRY.

Je ne suis point rapaxe... à preuve, c'est que si je deviens votre gendre je déchire le billet de Jossard.

Mme JOSSARD.

Oui, mais en attendant...

LANDRY.

Je vous donne deux ans pour me payer, mariage ou non !..

Mme JOSSARD.

Vous auriez cette générosité, Landry ?.. Eh ben, v'là un trait qui me va droit à l'âme... ma fille est à vous !

LANDRY.

Allons vite la trouver ensemble, vous lui parlerez en catimini, et je reviendrai tomber dans ses bras quand tout sera décidé !.. (A part.) Mon plan est tiré !.. c'est la plus belle affaire de toute ma vie. (Offrant son bras à Mme Jossard.) Votre bras, sans vous commander.

Air : Je suis content, je suis joyeux.

Je suis content, je suis joyeux,
Vot' fille va combler mes vœux ;
Je f'rai l' bonheur de c' beau tendron,
Parol' d'honneur de Maquignon !

(Ils s'éloignent tous deux au fond et finissent par disparaître.)

SCÈNE X.

JOSSARD, sortant du bureau de l'inspecteur et tenant un sac d'écus.

Continuation de l'air.

J' les tiens ! j' les ai reçus,
Voilà mes cent écus !
J' n'y comprends rien, ma foi,
Mais quel bon coup pour moi !
Yia comm' ça dans Paris
Des bêtes d'un grand prix,
Dont on s' moque... ça ne fait rien,
Ces bêt's-la s' vend'nt très bien !
Je suis content, je suis joyeux,
Du marché qu' j'ai fait en ces lieux,
Il me semble d'autant plus bon
Que j'ai mis d'dans un maquignon.

SCÈNE XI.

JOSSARD, SAINT-ROBERT, seul, arrivant avec chaleur et sans voir Jossard.

SAINT-ROBERT.

C'est incroyable !.. étourdissant !.. et si je ne l'avais pas vu !.. Mais c'est une fortune qu'un coureur de cette vigueur-là !.. Miss Annette, qui a gagné pour cent mille écus de paris, ne le valait pas !..

JOSSARD, à part.

Avec ça, je me mettrai dans la friture, au Pont-Marie.   (Il met son sac dans sa poche.)

SAINT-ROBERT, à part.

Je serais capable de faire vingt folies, pour avoir cet excellent animal !.. (Regardant Jossard.) Ah ! justement voilà... (Il salue Jossard.) M. Jossard...

JOSSARD, à part.

Tiens, pourquoi donc qu'il me salue ?.. est-ce qu'il veut m'humilier, ce beau monsieur-là ?..

SAINT-ROBERT.

Ah ! M. Jossard !.. qu'est-ce que je viens de découvrir... vous avez éprouvé de grands malheurs !..

JOSSARD.

Voudriez-vous me vexer, Monsieur ?..

SAINT-ROBERT.

Vous me comprenez mal ; qu'est-ce qui ne fait pas faillite aujourd'hui ?..

JOSSARD.

Ceux qui la font faire aux autres.

SAINT-ROBERT.

Je passais devant votre porte, on vendait vos meubles, cela m'a indigné ; j'ai tiré de l'or de ma bourse, et voilà votre quittance.

JOSSARD, avec surprise.

Ah ! mon Dieu !.. suis-je bien éveillé !.. que pourrai-je faire pour reconnaître...

SAINT-ROBERT.

Le bonheur de votre fille ; je m'intéresse à un jeune homme qui en est amoureux fou en secret...

JOSSARD.

Ah bah !..

SAINT-ROBERT.

C'est un homme du monde... une position... de la fortune !..

JOSSARD.

Et il veut de Gervaise ?.. vous ne vous trompez pas...

SAINT-ROBERT.

C'est un esprit avancé... et sans préjugés.

JOSSARD.

Une fille de rien... dans le grand monde !..

SAINT-ROBERT.

Oh ! oh ! le grand monde est bien rappetissé.

Air du Baiser au porteur.

L'argent seul marque notre place,
Dans ce siècle spéculateur,
Ainsi qu'un chiffre l'on nous classe :
Mérite, esprit, antique honneur,
Ne sont que des mots sans valeur.
L'aune aux allures despotiques
A fait pousser des grands seigneurs nouveaux,
Et la puissance des boutiques
Remplace celle des châteaux ;
Nous obéisons aux boutiques,
Quel triomphe sur les châteaux !

JOSSARD.

Tant mieux, si c'est comme ça; mais enfin Gervaise?..

SAINT-ROBERT.

Écoutez-moi: Quelle que soit votre situation, voudriez-vous vous engager à donner à votre fille tout ce que vous possédez sans exception?..

JOSSARD.

Pardieu, je ne demande pas mieux!.. je mettrai tout plein de zéros les uns au bout des autres, et je signerai.

SAINT-ROBERT.

Votre parole?

JOSSARD.

D'honneur!

SAINT-ROBERT.

Très bien.

JOSSARD.

Mais comment se nomme-t-il?.. où demeure-t-il?..

SAINT-ROBERT.

Plus tard, je vous le ferai connaître, quand vous aurez prévenu votre femme et votre fille.

JOSSARD.

Elles sont là chez leur cousine.

SAINT-ROBERT.

Faites-leur part de nos conventions. Je reviens dans un instant...

JOSSARD.

Avec le prétendu?..

SAINT-ROBERT.

Avec le prétendu!.. (A part.) Courons savoir le résultat du grand événement.

(Il sort vivement.)

SCÈNE XII.

JOSSARD, Mme JOSSARD ; puis GERVAISE.

JOSSARD, appelant.

Pacifique!.. arrive donc, femme! il y a joliment du nouveau dans not' sort, va!..

Mme JOSSARD.

Hé! je le sais ben...

JOSSARD.

J'ai vendu Muphti cent écus!..

Mme JOSSARD.

Vrai!.. c'est superbe... Et moi, j'ai obtenu deux ans de crédit pour not' billet.

JOSSARD.

Nos meubles n'ont pas été vendus?

Mme JOSSARD.

Mieux que ça! je marie not' fille!..

JOSSARD.

Et moi aussi.

GERVAISE, écoutant, et à part, au fond.

Qu'est-ce que j'entends?..

Mme JOSSARD.

Tu l'as donc vu?

JOSSARD.

Il m' quitte à la minute.

GERVAISE, de même.

De qui veulent-ils parler?..

Mme JOSSARD.

Qu'est-ce qui aurait cru que ce Landry reviendrait?..

JOSSARD.

Landry... J'ai trouvé mieux que ça... un ami de M. de Saint-Robert, un gendre en paletot!

Mme JOSSARD.

Laisse donc... M. de Saint-Robert s'est moqué de toi...

JOSSARD.

Il a payé not' propriétaire : v'là la quittance.

Mme JOSSARD.

V'là la lettre de Landry qui arrête les poursuites de l'huissier!

JOSSARD.

J'ai donné ma parole.

Mme JOSSARD.

Moi, la mienne...

Air : Nuit effroyable.

JOSSARD.

Je suis le chef de la famille.

Mme JOSSARD.

Je te ferai bien filer doux.

JOSSARD.

J'suis l'maîtr' de marier ma fille...

Mme JOSSARD.

Quand j'aurai choisi son époux.

JOSSARD.

Le mien est l'pus riche, il me semble!..

Mme JOSSARD.

Oui, mais c'est l'autr' qui me plaît mieux!..

GERVAISE.

Et moi, je vais vous mettre d'accord ensemble;
Car je les refuse tous les deux!

Mme JOSSARD, à sa fille.

Oh! je n'entends pas que tu fasses ton ostinée!

JOSSARD.

Et dire que nous nous disputons pour une abondance de maris, et des coups de fortune qui nous accablent...

GERVAISE.

Sans pouvoir deviner ce qui nous envoie tous ces bonheurs-là...

(Ici on entend des cris dans la coulisse.)

JOSSARD.

Qu'est-ce que c'est que ça?..

GERVAISE, qui a été regarder.

C'est la foule qui arrive de ce côté!.. Daniel est avec eux!.. il descend de cheval!.. on l'apporte en triomphe!..

SCÈNE XIII.

LES MÊMES, DANIEL porté par les Maquignons, GOURAND, LANDRY, SAINT-ROBERT, L'INSPECTEUR, FOULE DE CURIEUX.

CHŒUR.

Air : Du galop de la Chaise cassée. (De Musard.)

Honneur
Au grand vainqueur!
Que la couronne
Qu'on lui donne,
Soit l'hommage flatteur
De son adresse et d'sa vigueur.

DANIEL.

Ah ! j'en suffoque !.. C'est le plus beau jour de ma vie ; j'en étouffe de satisfaction.

JOSSARD, GERVAISE, Mme JOSSARD.

Qu'est-ce que c'est !.. qu'est-ce que c'est ?..

DANIEL.

Mufti a enfoncé tout le monde...

TOUS.

Mufti ?..

DANIEL.

Oui, à une course... là-bas, où j'étais allé avec... Une fois lancé... c'était la poudre, le vent, l'éclair. Les Mecklembourg... les andalous... les anglais... en arrière, à plus de vingt distances. Vive mon bon arabe !..

JOSSARD, Mme JOSSARD, GERVAISE.

Est-il possible !..

DANIEL.

C'est un trésor... votre fortune est faite, rien qu'avec lui.

JOSSARD, avec effroi.

Ah ! mon Dieu !

TOUS, regardant Jossard.

Quoi donc !

JOSSARD.

Il n'est plus à moi.

TOUS.

O ciel !..

JOSSARD.

Je l'ai vendu 300 francs.

Mme JOSSARD.

Hélas ! oui, 300 francs !.. (A Landry.) Mon pauvre gendre.

LANDRY.

Vot' gendre, après une bêtise aussi corsée, jamais !

SAINT-ROBERT, à Jossard.

Mon cher monsieur, désolé de vous dire que mon ami rejette votre alliance...

DANIEL, avec douleur.

Vendu !.. et à qui donc, seigneur mon Dieu ?

GOURAND, fendant la foule pour arriver.

A moi donc ! qui me suis levé plus matin que les autres pour le repêcher à la sourdine.

DANIEL.

A lui !.. à son bourreau !.. Ah ! ça me torture le cœur !

GOURAND.

Oui, qu'il m'appartient bien en légitime !.. et que je vas le revendre un fameux prix, à l'heure qu'il est.

LANDRY.

Gourand, je te demande la préférence.

SAINT-ROBERT.

J'en donne 10,000 francs.

LANDRY.

J'en donne 15,000.

Mme JOSSARD.

Et dire que nous pouvions avoir tout ça.

SAINT-ROBERT.

Et moi, j'en donne 20,000 francs.

GOURAND.

M. Saint-Robert, il est à vous.

DANIEL.

Eh ben ! ça me va ! j'aime mieux qu'il soit à vous... je n' vous d'mande pus qu'un' chose...

c'est de me prendre aussi ; car, voyez-vous... il m'aime, il mourrait sans moi... je l'ai élevé, tout petit... comme il sortait des écuries du bey de Constantine...

L'INSPECTEUR, avec étonnement.

Qu'est-ce que vous dites donc... des Écuries du bey de Constantine...

DANIEL.

Il m'a jamais quitté que pour venir à Shélestadt.

L'INSPECTEUR, vivement en regardant un carnet. A Shélestadt.

DANIEL,

Oui, monsieur. Puis amené à Paris, il y a trois mois, par mon frère, Thomas Mesker.

L'INSPECTEUR.

Thomas Mesker, un employé du haras de Meudon ?

DANIEL.

C'est mon frère.

L'INSPECTEUR,

Messieurs ! la vente est nulle !.. ce cheval a été volé !

TOUS.

Volé !..

L'INSPECTEUR.

Il y a six semaines qu'il m'est signalé pour que je le saisisse dans le cas où on le conduirait au Marché aux Chevaux.

DANIEL, regardant Gourand.

Oh ! quelle idée !   (Gourand se sauve.)

L'INSPECTEUR.

Quel est celui de vous qui l'a eu le premier ?

TOUS.

C'est Gourand !

(On court après lui, et on le ramène.)

GOURAND, à part.

Sacredié ! quel coup de fouet il m'arrive là !..

L'INSPECTEUR.

Gourand, comment vous êtes-vous rendu propriétaire de cet animal ? Surtout ne mens pas, maquignon !

GOURAND, à part.

En v'là une cheminée ! (Haut.) Eh ben ! quoi ! n'allez-vous pas me rudoyer pour une belle action !.. Voilà la chose pure : La bête algérienne a été trouvée un matin à ma porte. J'ai eu beau lui demander son maître, elle n'a jamais voulu me répondre ; pour lors, je l'ai mise à l'abri et je l'ai gardée insensiblement ; mais je l'ai soignée, nourrie, embellie pour la rendre en bon état à quiconque !.. Tout ceci est vrai, j'en jure sur mon patron, Saint-Barabas.

DANIEL,

Mais vous avez eu le front de me dire que vous l'aviez acheté au marché.

GOURAND.

J'avais pas de comptes à te rendre, galopin.

L'INSPECTEUR.

Taisez-vous.

SAINT-ROBERT, à Gourand.

Vous êtes bien heureux que ça n'aille pas plus loin.

L'INSPECTEUR, à Daniel.

Le cheval vous sera rendu.

DANIEL.

Je le laisse à monsieur (Indiquant Saint-Robert)

pour le prix convenu, et ma part des 20,000 fr. ⊙ vous couvrirait de ridicule dans la haute so-
à vous, papa Jossard, pour vous rétablir.

GERVAISE.

Mon père ne peut accepter qu'à une condi-
tion, M. Daniel... c'est que vous deviendrez le
mari de sa fille! car c'est vous seul qu'elle aime,
qu'elle aimera toujours!

DANIEL, lui prenant la main.

Bien vrai?.. Et moi aussi, mam'zelle... Ah!
vous me tuerez à force de bonheur!..

SCÈNE XIV.

LES MÊMES, BRIDOIS, couvert de poussière,
et tout déchiré.

BRIDOIS.

C'est abominable!.. on ne fourre pas dedans
un homme comme ça, je veux déshonorer le
Marché aux Chevaux!

SAINT-ROBERT.

Qu'avez-vous, Bridois?

GOURAND.

Est-ce qu'il aurait pris la mouche, votre dada?

BRIDOIS.

Il a manqué des quatre jambes, et la cavalerie s'est trouvée dans l'infanterie...

GOURAND.

Pauvre tourlourou!

BRIDOIS, montrant la queue.

Voilà ce qui me reste de Walter-Scott!

GOURAND.

On vous a fait la queue.

LANDRY.

Tant pis! C'est pas des cas rédhibitoires.

BRIDOIS.

Eh bien! je ferai mettre dans les journaux...

SAINT-ROBERT, à Bridois.

Que vous vous êtes jeté par terre... Ah! ça ⊙

ciété.

BRIDOIS.

Vous croyez? Je me tais.

SAINT-ROBERT, à Bridois.

Je vous l'avais bien dit, Bridois : Défiez-vous
des maquignons!..

LANDRY.

En fait de chevaux...

GOURAND.

On tromperait son père!

CHOEUR.

Air de Titi au chemin de fer.

Mes amis, dans tous les états,
De maquignons, le monde
    Abonde,
Et les plus adroits, ici bas,
Sont ceux qu'on ne soupçonne pas.

GOURAND, au public.

Messieurs!.. Mufti aurait bien voulu s'expli-
quer avec vous, mais il est timide, et il ne sait
que l'arabe... Il m'a invité à traduire en français, ce qu'il voulait dire à ces dames... Messieurs,

Air :

Je fus toujours très ombrageux,
Quoique je sois des plus ingambes,
Le moindre bruit malencontreux.
Pourrait m' fair' manquer des quatr' jambes.

Et vous comprenez que ça ferait un vilain manége... Il y en a déjà un sur le flanc.

De Walter-Scott et de Muphti,
Les chûtes seraient bien cruelles.
Ell's nous renverseraient aussi ;
Et tout l' mond' se trouv'rait ici,
Le dos par terre entre deux selles.

REPRISE DU CHOEUR.

Mes amis, etc.

FIN.

Imprimerie de Madame Dr Lacombe, rue d'Enghien, 12.